Ye

8276

SEIZE

CONTES ET NOUVELLES

ATTRIBUÉS A LA FONTAINE

ET QUI NE FONT PAS PARTIE DE L'ÉDITION DES CLASSIQUES
DONNÉE PAR WALCKENAER.

ON LES A FAIT IMPRIMER POUR LES AJOUTER A CET EXEMPLAIRE.

CONTES ET NOUVELLES

ATTRIBUÉS A LA FONTAINE.

I. MIAULEMENT DES CHATTES [1].

Jadis une chatte, animée
D'une amoureuse et pétulante ardeur,
Cherchoit partout un chat vigoureux et ribleur [2],
Pour éteindre le feu qui l'avoit enflammée.

A cet effet, parcourant les greniers,
Les galetas, les caves, les celliers,
Par mille cris elle se fait entendre,
Lorsqu'en même temps va descendre
Du toit voisin un chat aventurier,
Qui, serviteur d'un trop avare maître,
Cherchoit partout de quoi repaître,
Ne pouvant au logis, quoique adroit au métier,

---

[1] Ce conte et les quatre suivants sont tirés d'une mauvaise édition des Contes, imprimée en France, peut-être à Rouen, sans date et sans nom de libraire, avec le privilége du roi de 1667. Selon l'opinion du savant Walckenaer, cette édition, qui forme un volume en deux parties in-12, serait une contrefaçon de celle que La Fontaine avait publiée lui-même en 1669 pour faire tomber les éditions de Hollande. Mais rien ne prouve, à notre avis, que ce soit une contrefaçon, et que les cinq contes nouveaux qui s'y trouvent ne soient pas de La Fontaine. Nous nous sommes permis toutefois de corriger plusieurs vers, dénaturés par des fautes d'impression grossières. — [2] Coureur de nuit.

1853

Tromper l'œil vigilant d'une habile servante.
Ce chat, dis-je, poussé par une faim pressante,
      Ne songeant rien moins qu'à l'amour,
      Trouva cependant notre chatte,
      Qui l'étreint, le baise, le flatte,
      Le caresse et lui fait la cour.
Aventurier, voyant cette chatte importune,
      Qui le presse pour le déduit,
      Se sert de sa bonne fortune,
      Et la grimpe sans faire bruit.
Elle-même, observant un paisible silence,
Et songeant seulement d'assouvir son désir,
      Attend avec impatience
    Le doux moment de l'amoureux plaisir.
Mais la faim sur l'amour remportant l'avantage,
Fit quitter au matou le plaisant badinage :
      Car pendant ce même moment,
      Un rat passant, le chat quitte la chatte,
      Poursuit le rat et l'atteint de sa patte,
      Et loin de là le mange goulument.
La chatte, se voyant ainsi vilipendée,
      De honte et de rage obsédée,
    Se sauve, et court, de maison en maison,
Aux chattes d'alentour conter son aventure ;
      Se plaint du fait et de l'injure,
Et demande conseil pour en avoir raison.
Entre elles sur-le-champ se fit une assemblée,

Où l'on donna conseil à la chatte troublée
    De dissimuler son tourment ;
Mais afin d'éviter désormais telle injure,
    D'un mutuel consentement
    On prit dès lors cette mesure,
    Savoir qu'en l'amoureux déduit
Et lorsque le plaisir chatouille , presse , flatte ,
    A l'avenir grande et petite chatte
Pousseroit de grands cris, et feroit un tel bruit,
    Qu'aucun rat, le jour ni la nuit,
    Par sa téméraire présence,
    N'oseroit de leurs doux désirs
    Et de leurs amoureux plaisirs
    Troubler l'aimable jouissance.
Cela dit et conclu , chacune , sur sa foi ,
    Jura d'observer cette loi ,
    Et d'en avertir les absentes ,
    Bonnes amies et parentes.
    Ainsi , depuis ce remarquable jour ,
Les chattes, dans le fort du plaisir de l'amour ,
    Par mille cris se font entendre ,
Sans que jusqu'à présent personne ait pu comprendre
L'extravagant sujet de leurs miaulements ,
Qui les met à couvert de tels événements.

II. L'ENFANT.

Un châtelain ou juge de village,
  Homme ribaud [1] et vigoureux,
Entretenoit un commerce amoureux,
  Sous prétexte de compérage,
Avec la femme d'un bon paysan [2],
  Femme blanche, ferme, rablée,
  Grasse, dodue et potelée,
  Trop belle enfin pour un manant,
  Puisque dessous la grosse bure
  Elle cachoit certains appas
  Que souvent on ne trouve pas
  A des femmes qui font figure
  Et qui portent le taffetas.
Le rusé châtelain avoit la prévoyance
  De ménager le temps et la saison :
Car du manant il épioit l'absence,
  Pour faire avec toute assurance
  La besogne de la maison.
Ainsi prenant les affaires à l'aise,
Dessus le lit un enfant de cinq ans,
  Qui regardoit le passe-temps,
Il apaisoit son amoureuse braise.
Avint, un jour (il ne me souvient pas

---

[1] Robuste, paillard. — [2] Ce vers, qui manque de césure, a été sans doute altéré, quoique La Fontaine se permette souvent des fautes contre la prosodie.

Si c'étoit ou dimanche ou fête),
Que notre châtelain à son logis s'arrête,
Sans doute pour quelque embarras,
Ou par un effet de paresse,
Si bien qu'il vient tard à la messe ;
Et tout le peuple étant à deux genoux,
Il fallut, pour prendre sa place,
Qu'il passât au milieu de cette populace,
Et qu'il fût vu, par ce moyen, de tous.
La femme du manant, dedans la même église,
Tenoit par la main son enfant,
Et sans témoigner de surprise,
S'aperçut bien de son galant,
Et de rien ne fit pas semblant.
Mais pour l'enfant, regardant le compère,
Crut bonnement que son parrain
Feroit ce qu'au logis il le vit souvent faire.
A cet effet, il s'écria soudain :
« Mettez-vous sur le lit, ma mère,
Voilà monsieur le châtelain ! »

III. COLIN.

Colin, faisant préparer sa maison
Pour recevoir son épousée,
Touva sa servante Alison
Au plaisir de l'amour fortement disposée.

Sans perdre le temps à songer,
Il se servit de l'heure du berger,
Et commençoit l'amoureux badinage,
Quand sa mère arrivant le surprit sur le fait,
Et lui dit : « Insolent! ce soir, à ton souhait,
N'auras-tu pas un joli pucelage? »
Colin, sans s'étonner, dit : « Ma mère, tout beau!
Ne vous mettez pas en colère :
Je ne gâte point le mystère,
J'aiguise seulement pour ce soir mon couteau. »

IV. L'ESPAGNOL.

Un Espagnol avoit dans sa maison
Une peste, une fausse lame,
Un diable familier, c'est-à-dire une femme
Qui n'entendoit ni rime ni raison.
En vain, pour la rendre docile,
Ce mari, passable escrimeur,
Employoit dans le lit sa force et sa vigueur;
Il trouvoit cependant son remède inutile.
Il consultoit ses amis, ses parents,
Qui, juges de leurs différents,
Terminoient parfois leurs querelles,
Mais qui, lassés de voir et naître et pulluler
Des riottes [1] continuelles,

---

[1] Querelles.

Ne voulurent plus s'en mêler.
Il fut contraint de prendre patience,
Et d'imiter ces oiseaux passagers
Qui, bâtissant leurs nids même dans les clochers,
　　Ont une si forte assurance,
　　Que, sans s'étonner du grand bruit,
　　Ils entendent le son des cloches,
　　Et ne craignent pas les approches
Des gens qui sonnent jour et nuit.
Notre Espagnol, en savant politique,
Méditant donc un remède à ses maux,
Dissimuloit sa peine et ses travaux,
Et caressoit son diable domestique,
Quand il lui vint un affaire pressant [1]
　　Qui le contraignit d'entreprendre,
　　Sans différer et sans attendre,
　　Un voyage vers le Levant.
Il dresse, à cet effet, son petit équipage,
　　Et prépare pour son voyage
Tout ce qu'il croit qui lui fera besoin.
　　Mais sa femme, par un caprice,
Dit qu'elle veut l'accompagner si loin,
Et ne le point quitter, pour lui rendre service.
L'Espagnol, étonné du dessein surprenant,
　　S'oppose en vain, dit qu'elle est une bête;

---

[1] C'est bien La Fontaine, qui conservait à ce mot le genre masculin, comme dans les
auteurs des quinzième et seizième siècles.

Mais les femmes ont une tête :
Il fallut consentir malgré son sentiment.
  Les voilà donc qui quittent le rivage,
    Embarqués dans un bon vaisseau,
    Qui par sa vitesse fend l'eau,
Et semble terminer promptement le voyage;
  Lorsque les vents, en augmentant les flots,
    Forment une telle tourmente,
    Que les plus hardis matelots
Chancellent en voyant une perte évidente.
  Le commandant, pour sauver le vaisseau,
  Ordonne de jeter en l'eau
    Toutes les choses plus pesantes.
    La crainte d'une affreuse mort
    Fait obéir, et l'on jette d'abord
    Les hardes bonnes et méchantes.
Notre Espagnol, bien plus obéissant,
Voyant l'occasion favorable et propice,
    Jette dans la mer, à l'instant,
  Sa femme ou bien son étui de malice.
    Le vent et le trouble cessé,
    Le commandant prend connaissance,
  Avec raison, de ce qui s'est passé,
Et veut d'un tel mari punir la violence;
  Mais l'Espagnol interrogé répond
  Que c'est à tort qu'on lui veut faire affront,
    Et jouant bien son personnage,

Il dit : « Ayant jeté ma femme dans la mer,
J'ai obéi ! Me faut-il donc blâmer ?
Rien ne me pesoit davantage. »

V. IL VAUT MIEUX MANGER DU LARD

QUE MOURIR DE FAIM.

Fabrice, dès longtemps,
Près d'une belle dame
Tiroit de la poudre aux moineux ;
Et quoiqu'il fît et festins et cadeaux,
L'ingrate cependant se moquoit de sa flamme :
Exagérant sa forte passion,
L'excès de son ardeur, la grandeur de sa peine,
Il la trouvoit plus inhumaine,
Et son amour tournoit à sa confusion.
Un jour enfin, lassé de sa persévérance,
Voulant de son amour avoir la récompense,
Chez elle il s'en alla pour la pousser à bout ;
Mais il y rencontra seulement la servante,
Qui plus douce et plus indulgente
Facilement lui permit tout.
Ce doux combat, cette amoureuse lice
Plut tant au vigoureux Fabrice,
Qu'il ne manquoit, ou de jour ou de nuit,
Sous prétexte de voir son ingrate maîtresse,

De faire naître avec adresse
Un rendez-vous pour l'amoureux déduit ;
Mais quoiqu'il eût les yeux à l'erte [1],
L'affaire, par malheur, fut un jour découverte,
Et la maîtresse, avec juste raison :
« Quoi ! vous venez, ô Fabrice, dit-elle,
Me faire tenir la chandelle
Pour vos plaisirs jusque dans ma maison !
Encore si cette servante
Étoit d'une beauté charmante,
J'excuserois peut-être votre erreur ;
Mais une petite souillarde,
Une laidron, une bavarde !
Il y va trop de votre honneur ! »
Fabrice, voyant donc qu'on lui chantoit sa gamme,
Poussé d'un dépit amoureux,
Répondit : « Il est vrai, j'ai failli ; mais, madame,
Ne suis-je pas bien malheureux ?
Pour vos beaux yeux je soupire sans cesse ,
Sans obtenir une seule caresse ,
M'avez-vous soulagé même d'un doux regard ?
Faisant ce que j'ai fait, l'offense est-elle grande ?
Et ne vaut-il pas mieux se repaître de lard ,
Que de mourir de faim près d'une bonne viande ?

[1] Au guet ; en italien, *a l'erta.*

VI. LES DEUX COMPÈRES [1]

CONTE TIRÉ DES CENT NOUVELLES NOUVELLES [1].

L'amitié, de tous temps, fut le lien des hommes ;
De tous temps on a vu des illustres amis
   Se tenir plus qu'il ne s'étoient promis,
Et pour de petits prêts rendre de grosses sommes.
     Mais l'on n'est pas toujours heureux
     Lorsque l'on est si généreux :
      Car celui qui, par pure offrande,
      Donne plus qu'on ne lui demande ,
      Est fort sujet à recevoir
     Bien plus qu'il ne vouloit avoir :
Témoin compère George et le compère Blaise ,
   Qui n'eurent pas sujet d'être fort aise
     Des avis qu'ils s'étoient donnés,
     Dont ils furent fort étonnés
     Et dont ils eurent de la honte.
     Je vais vous en faire le conte.

Les filles bien souvent se dérangent un peu ,
Surtout à certain âge où le sang leur pétille,
   Où dans le front les yeux leur brille ,

---

[1] Ce conte, dont l'auteur, si ce n'est pas La Fontaine, est inconnu, ne se trouve que dans l'édition ou contrefaçon de 1710, *Amsterdam, Henri Desbordes*, 2 vol., petit in-8. Cette édition est si fautive, que nous avons cru pouvoir nous permettre certaines corrections indispensables, que nous indiquaient la rime et la prosodie. Mais il eût fallu changer des vers entiers pour faire disparaître toutes les fautes de ce genre, qu'on ne sauroit pourtant attribuer à l'auteur. — [2] Cette indication est fausse : il en est de même pour les prétendues sources des contes suivants, qui n'ont rien de commun avec Boccace, Marot, Maciavel, etc.

Enfin lorsque l'amour leur fait sentir son feu.
    Compère Blaise en avoit une
    Qui cherchoit déjà sa fortune ,
Et qui mangeoit des yeux les venants et allants
    Pour se procurer des galants ,
Non pas de ceux desquels on joue à la toupie ,
    Mais dont l'on joue à d'autres jeux
    Que savent bien les amoureux.
Elle s'acquit enfin un drôle vigoureux
    Et qui n'avoit pas la roupie.
George s'en aperçut, et les vit plusieurs fois
    Qui s'entre-chatouilloient les doigts.
    Il crut devoir en avertir le père :
« Je suis trop votre ami, lui dit-il, mon compère,
    Pour ne pas vous donner avis
De tout ce qui vous touche et qui peut avoir suite.
    Votre fille a plusieurs amis ;
  Mais surtout un, qu'il faudra qu'elle évite :
  Richard est riche, il n'est que trop bien fait ;
    Mais ce n'est pas là votre fait,
    Car vous savez bien que ce drille
N'est pas dans le dessein d'épouser votre fille :
    Elle n'est pas de sa condition ;
Vous devriez empêcher la conversation.
J'ai pourtant aperçu qu'elle en étoit coiffée ;
Richard pourroit avoir été trouver la fée
Pour un philtre amoureux, pour un sort, que sait-on ?

Il est bon d'écouter le vieux qu'en dira-t-on ;
Votre fille est coquette un peu, ne vous déplaise.
    — Grand merci de l'avis, répond compère Blaise,
Je suivrai vos conseils. » A quelques jours de là,
Blaise rencontra George, et ainsi lui parla :
« Vous m'avez averti des amours de ma fille ;
Je vous suis obligé des soins de ma famille ;
Et je serois ingrat en ne vous disant pas
        Un certain cas
      Qui grandement vous touche ;
Mais je crains bien qu'aussi vous ne preniez la mouche ;
        Car en effet ,
Il n'est plus de remède, et le mal est tout fait.
— Non, parlez hardiment, dit le compère George ;
Je n'en sonnerai mot, ou le diable m'égorge !
      — Puisque vous me le permettez ,
  Dit Blaise, et que vous me promettez
De n'en avoir jamais contre moi de rancune ,
      Je vous dirai, sans fourbe aucune ,
Que Jeanne vous a fait gros oiseau du printemps [1].
Chez la grosse Cateau, souvent, à la maraude,
    Elle s'en va prendre ses passe-temps.
      Vous connoissez bien la ribaude ?
Mettez-y l'ordre, ou bien vous vous déshonorez,
      Je vous en avertis, compère.
— Vous en avez menti, répond George en colère,

---

[1] Le coucou, qui ne paraît et ne chante qu'au printemps.

Et vous me prouverez

Que ma femme a hanté chez une maquerelle,

Ou vous éprouverez

La vigueur de mon bras.—Vous me cherchez querelle,

Dit Blaise, et vous fâchez, contre votre serment.

Si je la vis moi-même avecque son amant,

Que direz-vous ?

GEORGE.

Pour un époux,

Cela passe le mot pour rire.

Il faut me le prouver et me le faire dire ;

Autrement, point d'amis.

BLAISE.

Je suis d'un autre avis,

Et si vous voulez faire

Ce que je vous dirai, dès cette même nuit

Elle-même fera le détail de l'affaire

Et nous éviterons le bruit.

—Je le veux, répond George.» Et s'étant bien instruit

Du personnage qu'il doit faire,

Ils attendent la nuit

Pour découvrir tout le mystère.

Blaise se cache sous le lit

Avant que Jeanne fût couchée ;

Jeanne vient et se couche, et son époux aussi ;

Mais d'une posture fâchée,

Comme un homme plein de souci ;

Il lui tourne le dos, soupire, crache, tousse,
Elle veut l'embrasser, il la repousse.

JEANNE.

« Qu'avez-vous donc, mon cher époux?
Vous trouveriez-vous mal? vous prenez des airs mornes.

GEORGE.

Va, n'augmente pas mon couroux,
Ou je pourrois passer les bornes,
Et te rouer de mille coups.

JEANNE.

Et ! quoi donc? êtes-vous jaloux?

GEORGE.

Je suis bien pis, car j'ai des cornes,
Puisque tu cours le guilledou.

JEANNE.

Quoi ! mon époux, êtes-vous fou?

GEORGE.

C'est toi, mordieu ! sur ma parole,
Qui n'es qu'une impudique folle !
Chez la grosse Cateau vas-tu pas au bocan [1] ?

JEANNE.

Ah ! comment? quoi? avec qui? quand?
Je n'y fus jamais de ma vie.

[1] On diroit aujourd'hui *boucan*, lieu où l'on fume la viande; au figuré, lieu de débauche.

Je suis une femme d'honneur ;
    Je vous défie
De me nommer le rapporteur.

GEORGE.

Jures-en donc, mais de la bonne sorte ?

JEANNE.

Non, je n'y fus jamais, ou le diable m'emporte !

GEORGE.

Menteuse ! après un tel serment,
    Oserois-tu tant seulement
    Aller d'ici jusqu'à la porte ?

JEANNE.

Oui-da, j'y vais, tout de ce pas. »
Cela dit, elle met un de ses pieds à bas,
    D'une effronterie incroyable;
Blaise saisit la jambe, et l'empoigne bien fort ;
    Elle, plus pâle que la mort ,
    Se croit entre les mains du diable ,
Saute au cou du mari, lui demande pardon ,
    S'accroche à lui, le mouille de ses larmes,
    Car c'étoient là les seules armes
Qu'elle avoit pour sortir des griffes du démon
    Et de ses cruelles alarmes.
    « Hélas ! dit-elle en rehaussant sa voix ,
    Je n'y fus jamais qu'une fois;

Encor n'y fus-je pas trop aise !
J'y pris peu de contentement ;
Et j'y allois tant seulement
Pour tenir compagnie à la femme de Blaise,
Qui tous les jours y va pour y voir son amant. »
Jugez un peu de la surprise
Du pauvre Blaise sous le lit,
Quand clairement il entendit
Ce que la commère avoit dit !
Le cœur lui faut [1], il lâche prise ;
Lors Jeanne délivrée approche son époux,
Le caresse, le baise, et tendrement l'embrasse :
« Mon mari, raccommodons-nous :
Une première faute est digne d'une grâce ;
Je n'aimerai jamais que vous
Dans tout le reste de ma vie.
Pardonnez-moi, je vous en prie. »
Cependant George est toujours sourd,
Et dès le matin qu'il fit jour,
L'on vit l'un et l'autre compère
S'accoster de grande colère :
George dit : « Qu'aviez-vous sur ma femme à chercher ?
— Et vous, répondit Blaise, à rechercher [2]
Sur la conduite de mes filles ?
Laissons les secrets des familles ;
J'en tiens bien plus que vous !

[1] Lui manque. — [2] Vers sans césure.

Cependant vengeons-nous
Sur la grosse Cateau, qui tient bordel infâme ;
Il faut couper le nez de cette sale dame ?

GEORGE.

Allons, je veux bien.

BLAISE.

Mais attendez, n'en faisons rien :
Un procès on nous pourroit faire.
Allons plutôt au commissaire ;
Nous lui conterons notre affaire ;
Il réparera notre honneur.
Allons chercher un procureur ;
Disons-lui nos raisons.

BLAISE.

Oui-da, je vous en prie,
Faut-il à tant de gens dire notre infamie ?
Croyez-moi, nous ferons bien mieux
De laisser la vengeance aux dieux,
Pour ne pas apprêter au public à médire,
Et de nous à s'en rire :
Car vous savez bien qu'en tel cas
Le voisin ne s'épargne pas.
Il faut mettre en repos nos âmes
Sur la conduite de nos femmes.
Allons-nous-en, ne disons rien ;
Car j'ai lu d'autrefois dans certaine sentence,

Ou traité de l'art de prudence ;
Qu'en tel cas le meilleur est de ne dire mot :
Car qui de son malheur a pleine connoissance,
S'il se tait, est cocu ; s'il éclate, est un sot. »

VII. LES NOCES DE GUILLOT [1]

CONTE TIRÉ DE MACHIAVEL.

Dans les noces toujours se disent les bons mots,
Car la joie et l'amour vont d'une même route :
　　Tous deux ouvrent l'esprit sans doute ;
Et si dans ces endroits il s'y fait quelques sots,
　　Si l'on y voit germer les têtes
　　　　Des bêtes
　　C'est pour le compte des traitants ;
　　Car le reste des assistants
　　Ne songe qu'à manger et rire.
　　Sur ce sujet, il me souvient
D'un conte qu'on m'a fait, qui fort à propos vient,
Et tel qu'on me l'a fait, je m'en vais vous le dire.
　　Aux noces d'un certain Guillot,
　　Je ne sais s'il y fut fait sot ;
　　Mais je sais que grosse cohorte

---

[1] Ce conte, qui n'a été revendiqué par aucun contemporain de La Fontaine, et qui porte le cachet de son style, malgré de graves négligences, se trouve, comme le précédent, à la fin du premier volume de l'édition de 1710.

De gens de différente sorte
Et de différent sexe aussi
Y goba maint chasse-souci [1];
Surtout de certaines commères,
Fort friandes des bonnes chères,
Et de certains encolletés [2],
S'y tinrent tous pour invités,
Car la fête jamais ne se trouveroit bonne,
     Surtout quand femme il y a,
  Si quelque abbé n'assistoit en personne,
   Pour entonner l'ALLELUIA ,
   Ou pour cajoler. Tant y a
        Que dans cette noce-ci
        Trois commères sans souci,
        Un homme et sa femme aussi,
        Et certain porte-soutane,
   S'y trouvèrent en caravane.
L'abbé étoit rêveur, triste comme la mort;
   Mais il n'avoit pas tout le tort,
   Puisque l'on enlève sa mie :
   C'est sa tonton [3] qui se marie.
   C'étoit assez pour en devenir fol,
   Et pour s'aller casser le col.
Enfin, après bon vin, bon pain et bonne chère,

---

[1] Ce sont sans doute des rasades. — [2] On appelait alors *petits-collets* les abbés sans abbayes qui foisonnaient dans le monde. — [3] Cette locution triviale, signifiant une femme de mauvaise vie, s'est conservée dans le langage comique.

La femme parla la première ;
De la nouvelle épouse elle dit les bijoux,
    La dot qu'elle porte à l'époux,
    Ses fonds, ses biens et ses chevances,
    Ses qualités, ses alliances,
Enfin que les conjoints sont à jamais heureux :
    « Il n'est que moi de malheureux,
    Dit le mari d'un ton fort pitoyable ;
Tu ne m'as pas porté la corne d'un seul diable [1].
    — Écoutez-le ! dit la femme en couroux,
    Sachez, mon très-ingrat époux,
Que je n'ai pas porté la corne d'un seul diable,
    Mais mille cornes d'autre gens
    Dont nous tirons bien de l'argent. »
    Cependant la commère Aimée,
    Du jus de Bacchus animée,
Lors s'écrie en riant : « Je vois en ce réduit
        Un lit
    Qui servira toute la nuit
    De champ à sanglante bataille,
    Mais pourtant de celles qu'on baille
    Sans grand couroux et sans grand bruit.
Nos champions déjà semblent se mettre en ordre :
    Leurs yeux commencent leur débat,
    Ils se défient au combat,
    Ils enragent de s'entre-mordre,

[1] Cette expression proverbiale équivalait sans doute à *corne d'abondance*.

Et comme de vrais inhumains,
Ils désirent d'en être aux mains :
Voyez comme les yeux leur brillent,
Pour le combat comme ils pétillent !
Je crains qu'en cette occasion
Il n'y ait quelque effusion
De sang humain ou de quelque autre chose,
　Qu'ici vous étaler [1] je n'ose.
　　— Oh ! pour moi, Lucrèce reprit,
Je n'ai pas beaucoup de l'esprit :
Mais je n'ai jamais pu comprendre
Comme une jeune fille, et délicate et tendre,
Peut se résoudre de coucher
Avec un garçon en chemise,
Et je serois bien entreprise [2]
S'il me venoit ainsi toucher.
　　— Voyez-vous la sainte Nitouche [3] !
Interrompit Clarisse à ce moment :
Vous ne diriez pas qu'elle y touche !
Elle fait la petite bouche,
Mais on sait bien ses sentiments ;
Elle préfère les serments
　　　De ses amants
A tous les actes de notaire.

---

[1] Il faut peut-être lire *détailler*. — [2] Stupéfaite, embarrassée. — [3] L'édition de 1710 porte *mitouche*, comme le peuple le dit encore. C'est peut-être ainsi qu'il faut écrire ce mot, s'il est composé de *mie*, pas, non, et de *touche*.

Mais ce n'est pas là tout l'affaire,
Continua Clarisse, et d'un ton goguenard ;
Car je gage une grosse somme
Qu'elle va refuser un parfait honnête homme
De peur d'épouser un cornard !
— Eh ! tout doux, ma bonne commère !
Répondit Lucrèce en colère ;
Retenez mieux votre courroux,
Que mon fait point ne vous tourmente :
Je n'en agis point comme vous,
Qui, dès lors que le cocu[1] chante,
N'oseriez approcher un bois
Sans prendre une grande épouvante,
Croyant de votre époux entendre alors la voix.
Aussitôt la commère Aimée,
En voyant les fers s'échauffer,
Que leur bile étoit enflammée,
Qu'elles alloient se décoiffer,
S'avisa, en femme de bien,
D'y mettre ordre en rompant les chiens :
« Quoi ! vous ne dites rien, dit-elle, mon compère
(En s'adressant à messire l'abbé)?
Oh ! vous ne nous estimez guère,
Vous n'avez point encor parlé :
Quittez-moi cette humeur et taciturne et morne,
Car à vous voir ne dire mot,

[1] Le coucou.

L'on vous prendroit pour bien un sot ;
Oui, l'on diroit d'abord que vous avez pris corne.
  Quittez-moi cet air de soupir !
  Çà, çà, pour me faire plaisir,
  Faites-moi vite un petit conte !...
— Madame, dit l'abbé, trop d'honneur me fait honte,
  Et sans doute vous vous trompez,
  Je ne suis ni marquis ni comte ;
Faire je ne vous puis que des petits abbés.
Cette nouvelle épouse en sait bien quelque chose. »
  A tant finit ici la glose ;
Car l'on finit bientôt, bientôt on s'en alla,
  Et de ceci ni de cela
  Jamais personne ne parla.

VIII. LES OPILATIONS DE SYLVIE

TIRÉ DES CENT NOUVELLES NOUVELLES [1].

  Sylvie, autrefois opilée [2],
  Avoit repris un teint si frais,
  Que Chloris, en étant charmée,
S'en vint sur ce sujet l'entretenir exprès.
Chloris a ses raisons pour consulter Sylvie ;

---

[1] Nous ne trouvons rien dans les *Cent Nouvelles nouvelles* qui ait rapport à ce conte, recueilli pour la première fois dans l'édition de 1710. — [2] Malade d'obstruction au foie et à la rate.

Elle sentoit venir la même maladie,
Et vouloit y trouver un remède certain.
« Que vous avez changé! lui dit-elle, ma mie,
　　Et que je vous trouvai jolie,
　　En vous rencontrant ce matin!
Depuis que vous voyez l'épouse de Clymène,
　　Sans doute, par sa belle humeur
Elle aura ramené la joie en votre cœur,
Elle en aura chassé ce qui lui faisoit peine?
— Mon mal, répond Sylvie, est à présent guéri;
Ce n'est pas, grand merci! l'enjoûment de Clymène;
　　Mais la vigueur de son mari.

IX. LE DUC D'ALBE

NOUVELLE TIRÉE DE MAROT [1].

Le duc d'Albe, dit-on, homme à grand'bigotaire [2]
　　(J'entends parler du favori
Du fameux Charles-Quint), fut d'humeur tant austère,
Que l'on publie encor qu'il n'avoit jamais ri.
　　Si [3] sais-je bien pourtant tout le contaire,
　　Puisque j'ai lu dans certain commentaire,
　　　　Ou vieux grimoire
　　　　D'histoire,

---

[1] Ce conte, dont vainement on chercherait l'origine dans les poésies de Clément Marot, n'a jamais paru que dans l'édition de 1710, où il est attribué à La Fontaine. — [2] Barbe à l'espagnole. — [3] Cependant, pourtant.

Qu'un jour il a ri fortement,
Et je vais vous dire comment.
Certain jour de fête en décembre,
Son valet, son homme de chambre,
Jeune homme à ne pas mépriser,
Étant venu pour le raser,
Et sa bigotaire friser,
L'ayant placé bien à son aise
Sur une riche et molle chaise,
Sous son menton attache un linge blanc et net,
Met ses cheveux sous son bonnet,
Puis descend à l'office y chercher de l'eau chaude ;
Mais il n'y trouva, ce dit-on,
Ni cuisinier ni marmiton :
Tous étoient allés à maraude ;
Ce fut à lui d'aller au potager [1]
Faire chauffer son eau. Pendant qu'elle y pétille,
Tournant la tête, au travers d'une grille
Qui répond au garde-manger,
Il voit certain objet qui n'est pas étranger,
Car du maître-d'hôtel c'étoit l'aimable fille ,
Qui le fait souvent enrager.
Lora, c'étoit son nom ; son humeur , fort coquette ;
Et Joseph lui faisoit l'amour;
Mais la fine soubrette
Lui jouoit toujours quelque tour,

[1] Fourneau où se fait le potage, le pot-au-feu.

Lorsqu'il s'en approchoit pur lui conter fleurette.
      Lora, de son côté,
Regardoit du poisson qu'on avoit apporté ;
Et prenant un brochet d'une fort belle taille :
    « Voyez, ce dit-elle au garçon ,
     Voilà–t–il pas un beau poisson ?
— Il est beau, répond–il ; mais il est plein d'écailles :
J'en porte un qui n'est pas ni si grand ni si gros,
   Mais qui n'a point plus d'écailles que d'os ;
Aussi vaut-il bien mieux ; ne crois pas que je raille ?
Il est plus savoureux que ni perdrix ni caille ;
Jamais on ne peut voir un morceau si friand.
    Vous avez un poisson ? dit la belle en riant :
    Montrez-le-moi, je vous en prie ;
    Car de le voir je meurs d'envie. »
    Joseph, sans faire de façon,
     De la grille s'approche,
    Et, tout à côté de sa poche,
    Va sortir un certain poisson,
    Que bientôt le brochet accroche :
Ainsi Joseph fut pris par son propre hameçon.

Dans ce temps, le duc d'Albe, ennuyé tant d'attendre,
    S'avisa de descendre,
Pour voir ce que faisoit son maraud de garçon,
Jurant entre ses dents qu'il l'alloit faire pendre ;
    Mais quand il vit la plaisante façon

Dont le drôle était pris, d'abord il se retire,
   Ne pouvant s'empêcher de rire.
   Ainsi cet homme tant vanté
Perdit, pour ce moment, toute sa gravité :
   Aussi, dans pareille aventure,
Un hypocondre eût ri, ne fût-il qu'en peinture.

X. LE CONTRAT [1]

Le maleur des maris, les bons tours des Agnès [2],
Ont été de tout temps le sujet de la fable ;
Ce fertile sujet ne tarira jamais,
   C'est une source inépuisable :
A de pareils malheurs tous hommes sont sujets ;
Tel qui s'en croit exempt est tout seul à le croire ;
   Tel rit d'une ruse d'amour,
   Qui doit devenir à son tour
Le risible sujet d'une semblable histoire.
   D'un tel revers se laisser accabler,
   Est, à mon gré, sottise toute pure ;
   Celui dont j'écris l'aventure,
Trouva dans son malheur de quoi se consoler.

Certain riche bourgeois, s'étant mis en ménage,

---

[1] Ce conte, que l'on a prétendu restituer à un inconnu nommé Saint-Gilles, parut pour la première fois dans l'édition de 1718 (*Amsterdam, Pierre Brunel*), et a été souvent réimprimé avec les Contes de La Fontaine. — [2] *L'École des Femmes* de Molière fit du nom *d'Agnès* un substantif qui manquait à la langue pour exprimer une fille simple et innocente.

N'eut pas l'ennui d'attendre trop longtemps
    Les doux fruits du mariage :
Sa femme lui donna bientôt deux beaux enfants,
Une fille d'abord, un garçon dans la suite.
Le fils, devenu grand, fut mis sous la conduite
    D'un précepteur; non pas de ces pédants
      Dont l'aspect est rude et sauvage ;
      Celui-ci, gentil personnage,
    Grand maître ès-arts, surtout en l'art d'aimer,
      Du beau monde avoit quelque usage,
      Chantoit bien et savoit charmer,
Et, s'il faut déclarer tout le secret mystère,
    Amour, dit-on, l'avoit fait précepteur.
Il ne s'étoit introduit près du frère
    Que pour voir de plus près la sœur.
    Il obtient tout ce qu'il désire
    Sous ce trompeur déguisement.
    Bon précepteur, fidèle amant,
    Soit qu'il régente ou qu'il soupire,
    Il réussit également.
      Déjà son jeune pupile [1]
      Explique Horace et Virgile,
Et déjà la beauté, qui fait tous ses désirs,
    Sait le langage des soupirs;
    Notre maître en galanterie

est impossible de ne pas reconnaître La Fontaine dans ces changements d'ortho-
graphe qu'il se permet sans scrupule pour rimer aux yeux.

Très-bien lui fit pratiquer ses leçons :
Cette pratique aussitôt fut suivie
De maux de cœur, de pâmoisons,
Non sans donner de terribles soupçons
Du sujet de la maladie.
Enfin tout se découvre, et le père irrité
Menace, tempête, crie.
Le docteur épouvanté
Se dérobe à sa furie.
La belle volontiers l'auroit pris pour époux;
Pour femme volontiers il auroit pris la belle ;
L'hymen étoit l'objet de leurs vœux les plus doux,
Leur tendresse étoit mutuelle :
Mais l'amour aujourd'hui n'est qu'une bagatelle,
Et l'argent seul forme les plus beaux nœuds :
Elle étoit riche, il étoit gueux ,
C'étoit beaucoup pour lui, c'étoit trop peu pour elle.

Quelle corruption, ô siècle ! ô temps ! ô mœurs !
Conformité de biens, différence d'humeur,
Souffrirons-nous toujours ta puissance fatale,
Méprisable intérêt, opprobre de nos jours,
Tyran des plus tendres amours ?

Mais faisons trêve à la morale,
Et reprenons notre discours.
Le père bien fâché, la fille bien marrie [1] ;

---

[1] Chagrine.

Mais que faire? il faut bien réparer ce malheur,
 Et mettre à couvert son honneur.
  Quel remède? on la marie,
 Non au galant, j'en ai dit les raisons,
Mais à certain quidam amoureux des testons [1]
  Plus que de fillette gentille,
Riche suffisamment, et de bonne famille;
Au surplus, bon enfant, sot, je ne le dis pas,
  Puisqu'il ignoroit tout le cas.
Mais quand il le sauroit, fait-il mauvaise emplette?
On lui donne à la fois vingt mille bons ducats,
  Jeune épouse et besogne faite.
 Combien de gens, avec semblable dot,
Ont pris, le sachant bien, la fille et le gros lot!
 Et celui-ci crut prendre une pucelle:
 Bien est-il vrai qu'elle en fit les façons;
Mais quatre mois après, la savante donzelle
  Montra le prix de ses leçons:
  Elle mit au monde une fille.
  « Quoi! déjà père de famille!
  Dit l'époux, étant bien surpris:
Au bout de quatre mois, c'est trop tôt! je suis pris!
  Quatre mois, ce n'est pas mon compte. »
Sans tarder, au beau-père il va conter sa honte,
Prétend qu'on le sépare, et fait bien du fracas.
Le beau-père sourit, et lui dit: « Parlons bas,
  Quelqu'un pourroit bien nous entendre.

---

[1] Écus; ainsi nommés à cause de la *tête* du roi, qu'ils portent sur la face.

Comme vous jadis je fus gendre,
   Et me plaignis en pareil cas ;
Je parlai comme vous d'abandonner ma femme,
C'est l'ordinaire effet d'un violent dépit :
Mon beau-père défunt, Dieu veuille avoir son âme !
Il étoit honnête homme et me remit l'esprit.
La pilule, à vrai dire, étoit assez amère ;
Mais il sut la dorer, et, pour me satisfaire,
   D'un bon contrat de quatre mille écus,
     Qu'autrefois pour semblable affaire
     Il avoit eu de son beau-père,
Il augmenta la dot : je ne m'en plaignis plus.
Ce contrat doit passer de famille en famille.
Je le gardois exprès, ayez-en même soin ;
     Vous pourrez en avoir besoin,
     Si vous mariez votre fille. »
  A ce discours, le gendre, moins fâché,
   Prend le contrat et fait la révérence.
Dieu préserve de mal ceux qu'en telle occurrence
     On console à meilleur marché !

XI. LA COUTURIÈRE [1].

   Certaine sœur, dans un couvent,
   Avoit certain amant en ville,
   Qu'elle ne voyoit pas souvent ;
La chose, comme on sait, est assez difficile.

---

[1] Ce conte, qui a été réclamé ar Autreau, parut d'abord dans l'édition des Contes de 1718.

Tous deux eussent voulu qu'elle l'eût été moins :
Tous deux à s'entrevoir apportoient tous leurs soins.
Notre sœur en trouva le secret la première :
Nonnettes en ceci manquent peu de talent.
 Elle introduisit le galant
 Sous le titre de couturière :
 Sous le titre et l'habit aussi.
 Le tour ayant bien réussi,
 Sans causer le moindre scrupule,
Nos amants eurent soin de fermer la cellule ,
Et passèrent le jour assez tranquillement
 A coudre, mais Dieu sait comment.
 La nuit vint, c'étoit grand dommage,
 Quand on a le cœur à l'ouvrage.
Il fallut le quitter : « Adieu, ma sœur, bonsoir !
 — Couturière jusqu'au revoir ! »
 Et ma sœur fut au réfectoire.
Un peu tard, et c'est là le fâcheux de l'histoire.
L'abbesse l'aperçut, et lui dit en courroux :
 « Pourquoi donc venir la dernière ?
— Madame, dit la sœur, j'avois la couturière.
 — Vos guimpes ont donc bien des trous,
 Pour la tenir une journée entière ?
 Quelle besogne avez-vous tant chez vous,
 Où jusqu'au soir elle soit nécessaire ?
— Elle en avoit encor, dit-elle, pour veiller ;
Au métier qu'elle a fait , on a beau travailler ,
 On y trouve toujours à faire. »

XII. LE GASCON [1].

Je soupçonne fort une histoire
Quand le héros en est l'auteur.
L'amour-propre et la vaine gloire
Rendent souvent l'homme vanteur.
    On fait toujours si bien son compte,
Qu'on tire de l'honneur de tout ce qu'on raconte.

    A ce propos, un Gascon, l'autre jour,
A table, au cabaret, avec un camarade,
    De gasconnade en gasconnade,
    Tomba sur ses exploits d'amour.
Dieu sait si là-dessus il en avoit à dire !
Une grosse servante, à quatre pas de là,
    Prêtoit l'oreille à tout cela,
Et faisoit de son mieux pour s'empêcher de rire.
A l'entendre conter, il n'étoit dans Paris
        De Chloris
    Dont il ne connût la ruelle,
    Dont il n'eût eu quelques faveurs ;
    Son air étoit le trébuchet des cœurs.
Il aimoit celle-là, parce qu'elle étoit belle ;
    Celle-ci payoit ses douceurs,
Il avoit chaque jour des garnitures [2] d'elle ;

---

[1] Ce conte, qui a paru d'abord dans l'édition de 1718, n'est pas définitivement enlevé à La Fontaine, puisqu'on ne sait quel autre auteur lui donner.

[2] Rubans pour garnir l'épée, le haut-de-chausse ; dentelles pour garnir les manchettes, la chemise, etc.

De plus, il s'étoit fort heureux,

Il n'étoit pas moins vigoureux :

Telle dame en étoit amplement assurée ;

A telle autre, en une soirée,

Il avoit su donner jusques à dix assauts.

Ah ! pour le coup notre servante

Ne put pas s'empêcher de s'écrier tout haut :

« Malepeste ! comme il se vante !

Par ma foi ! je voudrois avoir ce qu'il s'en faut. »

XIII. LA CRUCHE [1].

Un de ces jours, dame Germaine,

Pour certain besoin qu'elle avoit,

Envoya Jeanne à la fontaine ;

Elle y courut, cela pressoit.

Mais en courant, la pauvre créature

Eut une fâcheuse aventure.

Un malheureux caillou, qu'elle n'aperçut pas,

Vint se rencontrer sous ses pas.

A ce caillou, Jeanne trébuche,

Tombe enfin et casse sa cruche.

Mieux eût valu cent fois s'être cassé le cou !

Casser une cruche si belle !

Que faire ? que deviendra-t-elle ?

Pour en avoir une autre, elle n'a pas un sou.

---

[1] Ce conte, qu'on avait ajouté à l'édition de 1718, a été rendu à Autreau, sans être epuis retranché de la plupart des éditions des Contes de La Fontaine.

Quel bruit va faire sa maîtresse,
De sa nature très-diablesse !
Comment éviter son courroux ?
Quel emportement! que de coups !
« Oserai-je jamais me r'offrir à sa vue?
Non, non, dit-elle; enfin il faut que je me tue.
Tuons-nous. » Par bonheur, un voisin, près de là,
Accourut, entendant cela ;
Et pour consoler l'affligée,
Lui chercha les raisons les meilleures qu'il put;
Mais, pour bon orateur qu'il fût,
Elle n'en fut point soulagée ;
Et la belle toujours, s'arrachant les cheveux,
Enfin vouloit mourir, la chose étoit conclue.
« Hé bien! veux-tu que je te tue?
Lui dit-il. — Volontiers. » Lui, sans aucune façon,
Vous la jette sur le gazon,
Obéit à ce qu'elle ordonne;
A la tuer des mieux apprête ses efforts,
Lève sa cotte, et puis lui donne
D'un poignard à travers le corps.
On a grande raison de dire
Que pour les malheureux la mort a ses plaisirs;
Jeanne roule les yeux, se pâme, enfin expire ;
Mais après les derniers soupirs
Elle remercia le sire :
« Ho ! le brave homme que voilà !
Grand merci, Jean ! je suis la plus humble des vôtres,

Les tuez-vous comme cela ?
Vraiment, j'en casserois bien d'autres. »

XIV. PROMETTRE EST UN

ET TENIR EST UN AUTRE [1].

Jean, amoureux de la jeune Perrette,
Ayant en vain auprès d'elle employé
Soupirs, serments, doux jargon d'amourette,
Sans que jamais rien lui fût octroyé,
Pour la fléchir s'avisa de lui dire,
En lui montrant de ses mains les dix doigts,
Qu'il lui pourroit prouver autant de fois
Qu'en fait d'amour il étoit un grand sire.
De tels signaux parlent éloquemment,
Et pour toucher ont souvent plus de force
Que soins, soupirs, et que tendres serments ;
Perrette aussi se prête à cette amorce.
Jà ses regards sont plus doux mille fois ;
Plus de fierté, l'amour a pris sa place ;
Tout est changé, jusqu'au son de sa voix.
On souffre Jean, voire même on l'agace,
On lui sourit ; on le pince porfois ;
Et le galant, voyant l'heure venue,
L'heure aux amants tant seulement connue,

[1] L'auteur est Vergier; mais son conte est resté dans beaucoup d'éditions des Contes depuis celle de 1718.

Ne perd point temps, prend quelques menus droits,
Va plus avant, et si bien s'insinue,
Qu'il acquitta le premier de ses doigts;
Passe au second, au tiers, au quatrième,
Reprend haleine, et fournit le cinquième.
Mais qui pourroit aller toujours de même?
Ce n'est moi jà, quoique d'âge à cela;
Ne [1] Jean aussi; car il en reste là.
Perrette donc, en son compte trompée,
Si toutefois c'est tromper que ceci;
Car j'en connois mainte très-haut huppée
Qui voudroit bien être trompée ainsi;
Perrette, dis-je, abusée en son compte,
Et ne pouvant rien de plus obtenir,
Se plaint à Jean, lui dit que c'est grand'honte
D'avoir promis et de ne pas tenir.
Mais à cela, cettui [2] trompeur apôtre,
De son travail suffisamment content,
Sans s'émouvoir, répond en la quittant:
« Promettre est un, et tenir est un autre.
Avec le temps j'acquitterai les dix:
En attendant, Perrette, adieu vous dis. »

Ni. — [2] Ce.

XV. LE ROSSIGNOL[1].

Pour garder certaine Toison ,
On a beau faire sentinelle ,
C'est temps perdu lorsqu'une belle
Y sent grande démangeaison :
Un adroit et charmant Jason ,
Avec l'aide de la donzelle
Et de maître expert Cupidon ,
Trompe facilement et taureaux et dragon.
La contrainte est l'écueil de la pudeur des filles.
   Les surveillants, les verrous et les grilles
Sont une foible digue à leur tempérament.
A douze ans aujourd'hui, point d'Agnès à cet âge :
Fillette nuit et jour s'applique uniquement
A trouver les moyens d'endormir finement
   Les Argus de son pucelage.
Larmes de crocodile, yeux lascifs, doux langage ,
Soupirs, souris flatteurs, tout est mis en usage,
   Quand il s'agit d'attraper un amant.
   Je n'en dirai pas davantage ;
   Lecteur, regardez seulement
La finette Cataut jouer son personnage ,
Et comment elle met le rossignol en cage :

---

[1] Ce conte, qui avait paru dans l'édition de 1710 sous le titre de l'*Oiseau dans la cage*, et sans différence notable avec l'édition de 1718, où il est précédé d'un prologue de vingt-trois vers serait, dit-on, de Lamblin ou de Valincour; mais il est digne de La Fontaine, et on ferait mieux de le lui laisser.

Après je m'en rapporte à votre jugement.

 Dans une ville d'Italie,
  Dont je n'ai jamais su le nom,
  Fut une fille fort jolie ;
 Son père étoit messire Varembon,
Boccace ne dit point comme on nommoit la mère ;
Aussi cela n'est pas trop utile à savoir :
La fille s'appeloit Catherine ; et pour plaire
Elle avoit amplement tout ce qu'il faut avoir :
Age de quatorze ans, teint de lis et de roses,
 Beaux yeux, belle gorge et beaux bras,
 Grands préjugés pour les secrets appas.
Le lecteur pense bien qu'avec toutes ces choses,
  Fillette manque rarement
   D'un amant.
 Aussi n'en manqua la pucelle :
Richard la vit, l'aima, fit tant, en peu de jours,
  Par ses regards, par ses discours,
Qu'il alluma pour lui dans le cœur de la belle
 La même ardeur qu'il ressentoit pour elle.
L'un de l'autre déjà faisoit tous les plaisirs :
Déjà même langueur, déjà mêmes désirs ;
 Désirs de quoi ? besoin n'ai de le dire,
Sans trop d'habileté l'on peut le deviner ;
Quand un cœur amoureux à cet âge soupire,
 On sait assez ce qu'il peut désirer.
Un point de nos amants retardoit le bonheur :
La mère aimoit sa fille avecque tant d'ardeur,

Qu'elle n'auroit su vivre un seul moment sans elle;
Le jour, l'avoit toujours pendue à son côté,
Et la nuit, là faisoit coucher dans sa ruelle.
Un peu moins de tendresse et plus de liberté
    Eût mieux accommodé la belle.
    Cet excès d'amour maternelle
    Est bon pour les petits enfants :
    Mais fillette de quatorze ans
    Bientôt s'en lasse et s'en ennuie.
    Catherine, en jour de sa vie,
N'avoit pu profiter d'un seul petit moment
    Pour entretenir son amant :
C'étoit pour tous les deux une peine infinie.
Quelquefois, par hasard, il lui serroit la main,
    Quand il la trouvoit en chemin ;
Quelquefois un baiser pris à la dérobée ;
    Et puis c'est tout ; mais qu'est-ce que cela?
C'est proprement manger son pain à la fumée.
Tous deux étoient trop fins pour en demeurer là ;
    Or voici comme il en alla.

    Un jour, par un bonheur extrême,
Ils se trouvèrent seuls, sans mère et sans jaloux.
« Que me sert, dit Richard, hélas! que je vous aime?
    Que me sert d'être aimé de vous?
    Cela ne fait qu'augmenter mon martyre :
Je vous vois sans vous voir, je ne puis vous parler ;
    Si je me plains, si je soupire,

Il me faut tout dissimuler.
Ne sauroit–on enfin vous voir sans votre mère ?
   Ne sauriez-vous trouver quelque moyen ?
Hélas ! vous le pouvez, si vous le voulez bien ;
Mais vous ne m'aimez pas. — Si j'étois moins sincère,
   Dit Catherine à son amant,
   Je vous parlerois autrement ;
Mais le temps nous est cher ; voyons ce qu'il faut faire.
   — Il faudroit donc, lui dit Richard,
Si vous avez dessein de me sauver la vie,
Vous faire mettre un lit dans quelque chambre à part,
   Par exemple, à la galerie ;
   On pourroit vous y aller voir,
     Sur le soir,
   Alors que chacun se retire :
Autrement, on ne peut vous parler qu'à demi,
   Et j'ai cent choses à vous dire,
   Que je ne puis vous dire ici. »
   Ce mot fit la belle sourire.
Elle se douta bien de ce qu'on lui diroit ;
   Elle promit pourtant au sire
   De faire ce qu'elle pourroit.
   La chose n'étoit pas facile ;
   Mais l'amour donne de l'esprit,
   Et sait faire une Agnès habile :
   Voici comment elle s'y prit.
Elle ne dormit point durant toute la nuit,
Ne fit que s'agiter, et mena tant de bruit,

Que ni son père ni sa mère
Ne purent fermer la paupière
    Un seul moment.
  Ce n'étoit pas grande merveille :
Fille qui pense à son amant absent,
Toute la nuit, dit-on, a la puce à l'oreille,
   Et ne dort que fort rarement.
Dès le matin, Cataut se plaignit à sa mère
Des puces de la nuit, du grand chaud qu'il faisoit :
« On ne peut point dormir, maman ; s'il vous plaisoit
Me faire tendre un lit dans cette galerie,
Il y fait bien plus frais ; et puis, dès le matin,
Du rossignol qui vient chanter sous ce feuillage,
    J'entendrois le ramage. »
   La bonne mère y consentit,
   Va trouver son homme, et lui dit :
   « Cataut voudroit changer de lit,
    Afin d'être au frais et d'entendre
   Le rossignol. — Ah ! qu'est ceci,
  Dit le bonhomme, et quelle raillerie ?
Allez, vous êtes folle, et votre fille aussi,
Avec son rossignol ! Qu'elle se tienne ici,
    Il fera cette nuit-ci
   Plus frais que la nuit passée ;
  Et puis elle n'est pas, je crois,
   Plus délicate que moi,
J'y couche bien. » Cataut se tint fort offensée
   De ce refus ; et la seconde nuit

Fit cinquante fois plus de bruit
Qu'elle n'avoit fait la première,
Pleura, gémit, se dépita,
Et dans son lit se tourmenta
D'une si terrible manière,
Que la mère s'en affligea,
Et dit à son mari : « Vous êtes bien maussade,
Et n'aimez guère votre enfant!
Vous vous jouez assurément
A la faire tomber malade.
Je la trouve déjà tout je ne sais comment.
Répondez-moi : quelle bizarrerie
De ne la pas coucher dans cette galerie?
Elle est tout aussi près de nous.
— A la bonne heure, dit l'époux ;
Je ne saurois tenir contre femme qui crie ;
Vous me feriez devenir fou ;
Passez-en votre fantaisie ;
Et qu'elle entende tout son soû
Le rossignol et la fauvette. »
Sans délai la chose fut faite :
Catherine à son père obéit promptement,
Se fait dresser un lit, fait signe à son amant
Pour le soir. Qui voudra savoir présentement
Combien dura pour eux toute cette journée :
Chaque moment une heure, et chaque heure une année;
C'est tout le moins ; mais la nuit vint,
Et Richard fit si bien, à l'aide d'une échelle

Qu'un fripon de valet lui tint,
Qu'il parvint au lit de la belle.
De dire ce qui s'y passa,
Combien de fois on s'embrassa,
En combien de façons l'amant et la maîtresse
Se témoignèrent leur tendresse,
Ce seroit temps perdu; les plus doctes discours
Ne sauroient jamais faire entendre
Le plaisir des tendres amours ;
Il faut l'avoir goûté pour le pouvoir comprendre.

Le rossignol chanta pendant toute la nuit ;
Et quoiqu'il ne fît pas grand bruit,
Catherine en fut fort contente.
Celui qui chante aux bois son amoureux souci
Ne lui parut qu'un âne auprès de celui-ci :
Mais le malheur voulut que l'amant et l'amante,
Trop foibles de moitié pour leurs ardents désirs,
Et lassés par leurs doux plaisirs,
S'endormirent tous deux sur le point où l'aurore
Commençoit à s'apercevoir.
Le père, en se levant, fut curieux de voir
Si sa fille dormoit encore.
« Voyons un peu, dit-il, quel effet ont produit
Le chant du rossignol, le changement de lit? »
Il entre dans la galerie,
Et s'étant approché sans bruit,
Il trouva sa fille endormie.

A cause du grand chaud nos deux amants dormants
  Étoient sans drap ni couverture,
  En état de pure nature ;
Justement comme on peint nos deux premiers parents;
  Excepté qu'au lieu de la pomme,
  Catherine avoit dans sa main
  Ce qui servit au premier homme
  A conserver le genre humain,
Ce que vous ne sauriez prononcer sans scrupule,
Belle, qui vous piquez de sentiments si fiers,
Et dont vous vous servez pourtant très-volontiers,
  Si l'on en croit le bon Catulle.
Le bon homme à ses yeux à peine ajoute foi ;
Mais enfin renfermant le chagrin dans son âme,
Il rentre dans sa chambre, et réveille sa femme :
« Levez-vous, lui dit-il, et venez avec moi.
  Je ne m'étonne plus pourquoi
Cataut vous témoignoit si grand désir d'entendre
Le rossignol ; vraiment, ce n'étoit pas en vain :
  Elle avoit dessein de le prendre,
Et l'a si bien guetté qu'elle l'a dans sa main. »
La mère se leva, pleurant presque de joie :
Un rossignol, vraiment ! il faut que je le voie.
Est-il grand ? chante-t-il ? fera-t-il des petits ?
Hélas ! la pauvre enfant, comment l'a-t-elle pris ?
  — Vous l'allez voir, reprit le père ;
  Mais surtout songez à vous taire ;
Si l'oiseau vous entend, c'est autant de perdu ;

Vous gâteriez tout le mystère. »
Qui fut surpris ? ce fut la mère ,
Aussitôt qu'elle eut aperçu
Le rossignol que tenoit Catherine ,
Elle voulut crier, et l'appeler mâtine ,
Chienne, effrontée ; enfin tout ce qu'il vous plaira,
Peut-être faire pis : mais l'époux l'empêcha.
« Ce n'est pas de vos cris que nous avons affaire :
Le mal est fait, dit-il ; et quand on pestera,
Ni plus ni moins il en sera :
Mais savez-vous ce qu'il faut faire ?
Il faut le réparer le mieux que l'on pourra.
Qu'on m'aille querir le notaire
Et le prêtre et le commissaire :
Avec leur bon secours tout s'accommodera. »
Pendant tous ces discours notre amant s'éveilla ;
En voyant le soleil : « Hélas ! dit-il, ma chère,
Le jour nous a surpris ; je ne sais comment faire
Pour m'en aller. — Tout ira bien ,
Lui répondit alors le père,
Or çà, sir Richard, il ne sert plus de rien
De me plaindre de vous, de me mettre en colère :
Vous m'avez fait outrage ; il n'est qu'un seul moyen
Pour m'apaiser et pour me satisfaire ;
C'est qu'il vous faut ici, sans délai ni refus
(Sinon dites votre *in manus*)
Épouser Catherine ; elle est bien demoiselle [1] :

---

[1] C'est-à-dire de race noble.

Si Dieu ne l'a pas faite aussi riche que vous,
Pour le moins elle est jeune, et vous la trouvez belle.»
S'exposer à souffrir une mort très-cruelle,
Et cela seulement pour avoir refusé
 De prendre à femme une fille qu'on aime,
 Ce seroit, à mon sens, être mal avisé.
  Aussi, dans ce péril extrême,
Richard fut habile homme, et ne balança pas
  Entre la fille et le trépas.
  Sa maîtresse avoit des appas,
Il venoit de goûter, la nuit, entre ses bras,
  Le plus doux plaisir de la vie;
  Il n'avoit pas apparemment envie
  D'en partir si brusquement.
  Or, pendant que notre amant
Songe à se faire époux pour se tirer d'affaire,
Cataut, se réveillant à la voïx de son père,
Lâcha le rossignol dessus sa bonne foi;
Et tirant doucement le bout du drap sur soi,
  Cacha les trois quarts de ses charmes.
Le notaire arrivé mit fin à leurs alarmes:
  On écrivit, et l'on signa.
  Ainsi se fit le mariage;
Et puis jusqu'à midi chacun les laissa là.
Le père, en les quittant, leur dit: « Prenez courage,
Enfants! le rossignol est maintenant en cage,
  Il peut chanter tant qu'il voudra. »

XVI. LE COUP DE CORNE [1].

Il n'est cabane ni palais
　Où l'amour ne lance ses traits ;
Il n'est fort, ni château, ni maison bien cloîtrée
　　Où l'amour n'ait entrée.
Parcourez l'univers de l'un à l'autre bout,
　L'amour est bienvenu partout.

Belles, à qui ce dieu, peut-être, ne peut plaire
　　Qu'enveloppé d'un voile épais,
Je ne puis aujourd'hui l'offrir avec ses traits
　　Que sous une gaze très-claire :
S'il m'eût fallu représenter l'amour
Tel qu'on le voit à la ville, à la cour,
　Je n'aurois pu vous le faire paroître
　　Sans un peu de déguisement ;
　Mais il est ici sous un hêtre :
　Vous l'allez voir tout naturellement.

Lucas, avec gentille et tendre ménagère,
　Vivoit content dans sa chaumière.
Ils avoient une vache : elle donnoit du lait,
　　Et sur le produit du laitage,
　Ainsi que celui du vêlage,
　Les bonnes gens, aidés d'un seul valet,

---

1 Ce conte ne se trouve que dans l'édition de 1732, en deux volumes in-12 (Amsterdam Etienne Lucas). Est-il ou n'est-il pas de La Fontaine ?

Trouvoient assez de quoi faire aller le ménage ;
   Bien entendu que Nature parfois
Les secouroit encor de raisins et de noix.

   Il faut savoir qu'en cet endroit champêtre
     Nul n'habitoit séparément :
La vache, le valet, la maîtresse, le maître,
   Tout avoit même logement.
  « O gens de cour, dont la fortune est belle,
    S'écrioit quelquefois Lucas,
Vous croyez posséder tous les biens d'ici-bas ;
Erreur ! j'ai plus que vous, dessus mon escabelle,
    Car j'ai femme fidèle,
     Et vous ne l'avez pas. »

Sur ces réflexions, notre époux, d'ordinaire,
Se couchoit et ronfloit auprès de sa moitié.
Blaise, leur bon valet, gaillard, vigoureux frère,
Du conjugal lien n'ayant nulle pitié,
Au premier ronflement, enfiloit la ruelle,
Et, de concert, venoit jouir de Péronnelle,
Sans parler : un seul mot eût troublé leurs plaisirs.
Que le sexe est prudent au fort de ses désirs !
  Il a raison ; dans l'amoureux mystère
Tout gît en ces deux points : se prêter et se taire.
    Mais comme de tels passe-temps
Ne règnent pas toujours sans quelques accidents,
   Et que l'amour, d'une ardeur indiscrète,

S'exprime quelquefois trop haut;
Lucas, au bruit de la couchette,
Une nuit, s'éveille en sursaut :
« Que, diable! faites-vous? dit-il à Péronnelle ;
Vous remuez sans cesse, et depuis quelque temps
    J'entends toujours pareils trémoussements.
        — C'est la vache, répondit-elle,
Qui, chaque nuit, se plaît à me lécher le cu :
    Toutes les fois que sa langue elle passe,
C'est un chatouillement qui rend mon cœur ému.
— Parbleu! de ce plaisir je serai convaincu,
Dit aussitôt Lucas ; mettez-vous à ma place. »
Péronnelle obéit; mais, hélas! en tremblant.
Elle ne put du cas avertir son amant,
        Qui, dès qu'il eut ouï son maître,
    Adroitement avoit su disparoître ;
Mais il revient au bruit du ronflement
(Car c'étoit le signal du serviteur fidèle).
Il s'approche du lit, sent une croupe à l'air,
        La croit à Péronnelle,
        Et plus prompt qu'un éclair,
        L'attaque de plus belle.
« Ah ! s'écria Lucas, au diable l'animal !
— Eh! qu'as-tu donc? lui répondit sa femme,
    Qui de frayeur trembloit dans l'âme;
C'est de sa langue un coup... Est-ce qu'il t'a fait mal?
— Oh! de parbleu! dit-il, ce coup est trop brutal :
C'est bien un coup de corne, et non un coup de langue.

Mais, continua-t-il, finissons la harangue ;
Reprends la place auprès de l'animal velu :
Je ne prétends jouter avec de telle espèce ;
Souffre, si tu le peux, la corne entre tes fesses,
    Je ne veux plus l'avoir au cu. »

Péronnelle reprit sa place en diligence,
Sans demander pourquoi, ni sans mordre ses doigts ;
Car pour se faire dire une chose deux fois,
    Elle avoit trop de complaisance.

Blaise, au cri de Lucas, connoissant son erreur,
    Demeura dans un trouble extrême ;
  Mais jugeant bien que quelque stratagème
Avoit pu donner jour à ce coup de malheur,
    Ainsi qu'au changement de place,
Il fut atteint d'une nouvelle audace,
Et voulant regagner ce qu'il avoit perdu,
    Il s'achemine à la ruelle,
Et tâte et reconnoît sa chère Péronnelle,
Dont la moitié du corps au bout du lit tendu,
    Et la chemise avec soin relevée,
Lui firent aisément voir, à son arrivée,
Qu'avec impatience il étoit attendu.
  C'est alors que l'amour, piquant à toute bride,
Des plaisirs égarés vient ramener le guide :
    Tout cède aux efforts de ce dieu :
    Il tonne, il met en feu

La rustique ruelle ;
Le lit semble fendre en éclats,
Et la tête de Péronnelle
Donne dans le dos de Lucas.
Lui, se réveillant, dit : « Parbleu, j'en suis aise,
Sur mon honneur ! la corne a fait jouer son jeu.
— Je n'en sens point de mal, reprit notre niaise.
— C'est jouer de bonheur, dit-il ; bonsoir, adieu ! »
C'est de cette façon que Blaise et Péronnelle
Prirent ensemble leurs ébats ;
Et lorsqu'au remuement se réveilloit Lucas :
« C'est la vache, lui disoit-elle.
— Prends bien garde à la corne. — Oh ! je ne la crains pas.

Lucas, vous pouvez bien avec seigneur et prince
Vous mettre à présent de niveau,
A leur richesse près, témoin votre escabeau ;
Mais, sans tous leurs châteaux et toutes leurs provinces,
Je vous estime autant heureux :
Vous avez des cornes comme eux.

FIN.

IMPRIMERIE DE J. CLAYE ET Cᵉ, RUE SAINT-BENOÎT, 7.